L'ALPHABET

de

Petit Charles

EDMOND LEROY

IMPRIMEUR ÉDITEUR

Rue de l'Arbre-Sec N° 35.

PARIS.

Tous droits de reproduction réservés.

L'ALPHABET

de

Petit Charles

—◦◦◊◦◦—

EDMOND LEROY

IMPRIMEUR ÉDITEUR

Rue de l'Arbre-Sec N° 35.

PARIS.

Tous droits de reproduction réservés.

L'ALPHABET
DE PETIT CHARLES.

A Georges a résolu d'apprendre ses lettres par une Méthode nouvelle, à son petit frère,

« Tiens mon petit Charles, » lui dit-il, « viens dans le pré, je vais te donner une leçon de lecture sans livre.... »

« C'est ennuyeux les livres.... »

Puis saisissant une longue perche qu'il incline en la tenant d'une main par le haut, et de l'autre par le milieu,

« voici un A. »

a à â e é è ê i o ô

u au eau ai eu ou

L'ALPHABET
DE PETIT CHARLES.

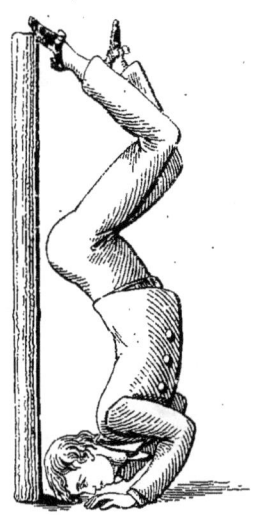

B Georges, on le devine déjà, a eu au Collége un accessit de gymnastique;

Il veut prouver que cette faculté, dans laquelle il est fort, n'est pas étrangère aux Belles-lettres.

Le B exige une certaine vigueur de muscles . . . . . .

    ba   be   bi   bo   bu

    ab   eb   ib   ob   ub

  baba bébé bibi bobo abbé

L'ALPHABET
DE PETIT CHARLES.

C Mais le C est la lettre principale et comme la clef de la méthode;

Aussi voyez quelle forme gracieuse le professeur s'applique à lui donner;

Admirez ces pleins et ces déliés souples et élégants!

    ca   ce   ci   co   cu

    ac   ec   ic   oc   uc

bac   bec   cab   ceci   coucou

L'ALPHABET DE PETIT CHARLES.

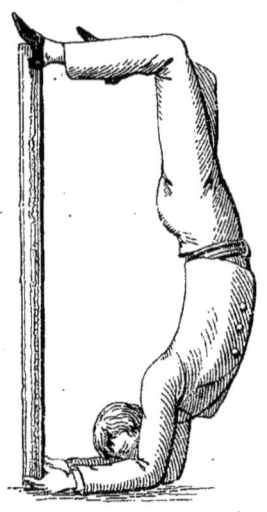

D Le D est moins difficile,
Au moins on peut s'appuyer les pieds et la tête le long du premier jambage;
Cependant, l'écriture en est encore fatigante....

da de di do du
da da do do do du duc
ca di cid code caduc
ca deau bedeau

L'ALPHABET
DE PETIT CHARLES.

E On a bien mérité un instant de repos;
L' E et sa sœur l' F se font sans qu'on y pense et la canne à la main.
Pour l' E on ajoute une canne aux pieds

eb ec ed   be ce de
décédé cé dé déci ide ode

L'ALPHABET
DE PETIT CHARLES.

F Georges fait remarquer à son frère que l' F n'est qu'un E dont on a coupé le pied,
Et qui, par un miracle d'équilibre, se tient aussi droite qu'avant cette amputation.

fa   fe   fi   fo   fu
af   ef   if   of   uf
office   fade   face   foi   fou

L'ALPHABET
DE PETIT CHARLES.

G Pour qui sait former le C, le G est facile;
Il suffit d'ajouter au délié du bas un petit trait, que Georges représente en couvrant sa tête de la casquette plate de Baptiste.
On dirait un petit banc sous un petit berceau.

ga ge gi go gu

gage gigue aga agi agacé gui

L'ALPHABET
DE PETIT CHARLES.

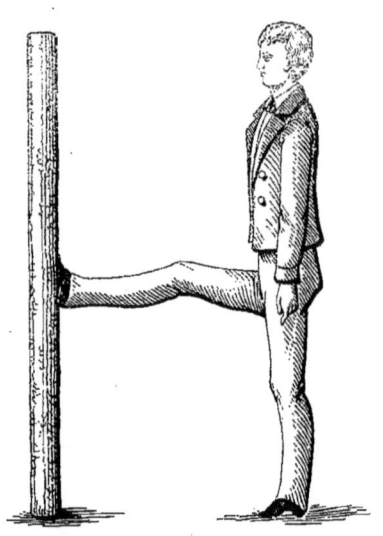

H On l'écrit d'un coup de pied;
Se plaçant en face de sa perche plantée en terre, Georges y dirige son pied et sa jambe en forme de trait d'union.
C'est ce qu'on peut appeler écrire à coups de hache.

ah! ha! eh! hé!

cha che chi cho chu

hache bêche biche coche

bouche chou

L'ALPHABET DE PETIT CHARLES.

I La tête et le corps, droits; les bras, collés au côté; fixe......
on dit que c'est pour le soldat la position la plus difficile à conserver...... sous les armes, peut être;
Mais dans mon **Alphabet**, c'est la lettre la plus simple et que j'aime le mieux parce qu'on n'a rien à faire pour l'écrire.

J Il se distingue de l' I par un petit appendice final qui fait l'ornement de Médor;
Georges est bien obligé d'emprunter un secours étranger,
Le tapis du bureau a justement une superbe queue,
Il se l'ajoute avec orgueil un instant.

bi ci di   ef fi gie   fi gé   i ci
ja   je   ji   jo   ju   job   déjà   juge

L'ALPHABET
DE PETIT CHARLES.

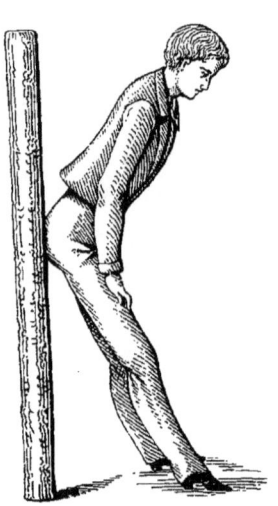

K Quelle lettre disgracieuse !
On voit bien qu'elle n'est presque pas française.
Papa dit qu'on s'en sert plutôt dans quelques langues du nord.

---

ka   ke   ki   ko   ku

kakatoès   kilo   kilomètre

kilogramme

L'ALPHABET
DE PETIT CHARLES.

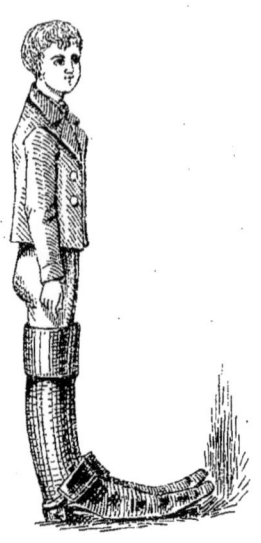

L En chaussant cette botte que papa a laissée parce qu'elle a le pied un peu trop long,
Je ressemble à peu près à la lettre L.

la   le   li   lo   lu
lucie   lié   lac   laid   là
lâche   loi   louage   louche   lui

L'ALPHABET
DE PETIT CHARLES.

M Voici enfin la plus charmante de toutes les lettres ;
On a eu bien raison de la placer au milieu de l'Alphabet,
On s'y repose de la fatigue du commencement et on rassemble ses forces pour la fin;
Mais quelle lettre agréable que cette M !
Et quel doux nom elle porte !
C'est la première lettre de Mère.

ma   me   mi   mo   mu
mal   mai   meuble   meule   midi
modèle   moule   mule   aime

L'ALPHABET
DE PETIT CHARLES.

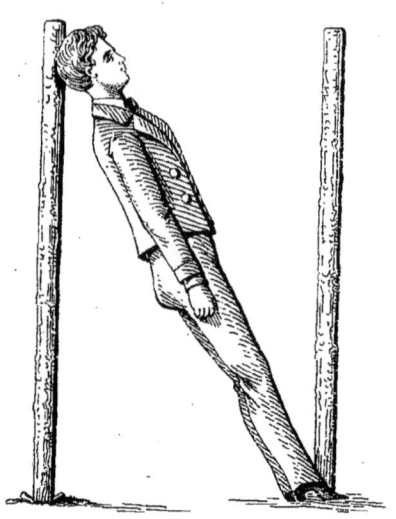

N Cette lettre demande un grand effort de tête;
Non pas pour réfléchir.... mais pour maintenir ainsi le corps en ligne droite oblique.

na ne ni no nu
an in on
nacelle nage nain none nef
négoce neige neuf niche nigaud
noce noble nom non nul

L'ALPHABET DE PETIT CHARLES.

O C'est ici qu'il faut s'appliquer;
l' O exige beaucoup d'attention;
Et encore, on obtient malaisément une courbe mathématique.

ob oc od of og
obéi obligé obole océan
oncle onde ongle oui
opinion opulence

L'ALPHABET
DE PETIT CHARLES.

P Georges prouve que la faculté dans laquelle il est fort peut mener très-haut.

pa pe pi po pu
pacha page paille palet palme
pamphile panade papillon pomme
pain poupée pipe pie
pied pièce

L'ALPHABET
DE PETIT CHARLES.

Q C'est comme l' O,
 Seulement, il y a toujours cette queue.... qu'on a décidément bien de la peine à porter comme il faut.

qua que qui quo
quai quand quel quille
quelqu'un queue quoi
quinine quinquina

L'ALPHABET
DE PETIT CHARLES.

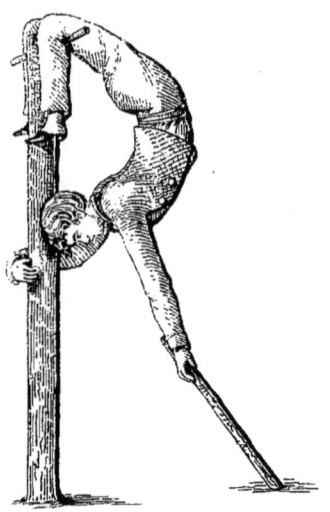

R Ajoutez au P un support et vous avez l' R ;
Ce n'est pas que Georges ait besoin de tuteur, non ..... mais la forme de la lettre demande ce soutien apparent.

ra re ri ro ru
rabbin raccommoder raccourcir
rendre racine race radeau
rage raie rame rameau
ramier rang recoin refus règle

L'ALPHABET
DE PETIT CHARLES.

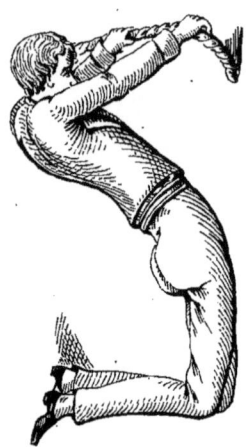

S L' S est comme un serpent qui se tortille,
C'est comme le cou d'un cygne en haut; et en bas, c'est la même chose, seulement à l'envers;
Enfin, tu comprends, n'est ce pas Charles; moi je ne peux pas bien faire cette lettre-là, papa dit que je n'arriverai jamais parceque je n'ai pas assez de souplesse.

sa se si so su
as os sac sec soc suc
sabre sobre sable sacre sage
sain saint son salle salon seigneur
sel sapeur sapin sauce

L'ALPHABET DE PETIT CHARLES.

T En tenant sur ma tête cette corbeille en équilibre,
Comme le petit pâtissier porte dans son panier les gâteaux que mère nous achète le Dimanche,
Je te parais comme un T.

ta te ti to tu
ton ta tes toi tabac table taille
tapage tapis tas tasse tempe tan toilette
tampon teinture télégraphe tête timbre
tissu tigre tonneau tube turc
toujours trace troupeau

L'ALPHABET
DE PETIT CHARLES.

U La première fois que j'ai fait cette lettre, nous étions au bois de Boulogne, sur le grand lac,
Il y avait de la glace, et tout le monde patinait;
J'ai voulu courir, j'ai glissé, et j'ai fait un U sans le vouloir.
Maintenant que je sais, je le fais plus doucement.

un nu uni
uniforme usage user
utile ustensile

L'ALPHABET
DE PETIT CHARLES.

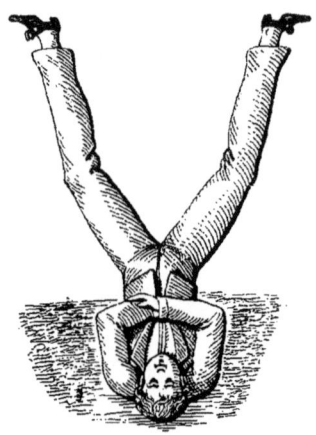

V Manière de dormir pas commode du tout ;
Je recommande bien à Françoise quand elle fait mon lit, de me mettre les pieds un peu moins haut.
Mon petit Charles, il y a aussi le double V (W); mais je ne peux en faire qu'un à la fois ;
Quand tu seras plus grand, tu te mettras à côté de moi et nous serons un double V (W).

**va ve vi vo vu
vacance vache vacciner vain
vaisseau vaisselle valet vallée vapeur
venin vertu verre vipère**

L'ALPHABET
DE PETIT CHARLES.

X Quand tu es très-fatigué et que tu te détires de tout ton cœur,
Tu fais un X sans le savoir.

xa   xe   xi   xo   xu
Xénophon Xanthe Alexandre
Xavier luxe Sixte axe genoux
Limoux animaux anxieux

L'ALPHABET
DE PETIT CHARLES.

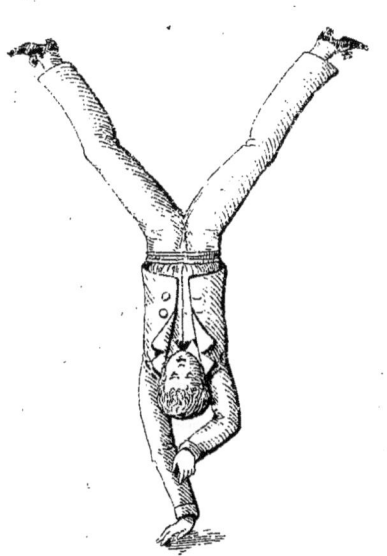

Y La coupe d'un vrai verre à pied;
Bien facile à renverser,
Comme celui que tu as répandu ce matin sur la nappe, mon petit Charles.

y ya yo
yeux pays cygne
voyageur tuyau moyen citoyen
synonyme pyramide
Leroy

L'ALPHABET
DE PETIT CHARLES.

Z Allons! à genoux, Georges; et demande pardon d'avoir osé publier une méthode de lecture et d'écriture,
Non encore approuvée par l'Université,
Et d'ailleurs si peu conforme aux programmes en vigueur.

za ze zi zo zu
zinc zèbre zèle zéphyre
zéro zoologie lazare azote

IMPRESSIONS ILLUSTRÉES

pour faciliter
L'ÉDUCATION & L'ENSEIGNEMENT.

En préparation pour paraître incessamment :

Homère : Tableaux extraits de
l'Iliade.

Homère : Tableaux extraits de
l'Odyssée.

Virgile : Tableaux extraits de
l'Enéide.

Mythologie Grecque et Romaine
en Tableaux.

Imp. Edmond Leroy, rue de l'Arbre-Sec 35. Paris.

www.ingramcontent.com/pod-product-compliance
Lightning Source LLC
Chambersburg PA
CBHW060937050426
42453CB00009B/1061